Publication de l'union républicaine de la Somme.
N° 2

DE LA NÉCESSITÉ

DE

L'INSTRUCTION

DANS UNE RÉPUBLIQUE

PAR

AMÉDÉE LAMARLE

Maire de Sailly-Saillisel

ANCIEN SOUS-PRÉFET DE LA RÉPUBLIQUE

Ancien Capitaine du Génie.

EN VENTE

CHEZ LES PRINCIPAUX LIBRAIRES

DU DÉPARTEMENT

1879

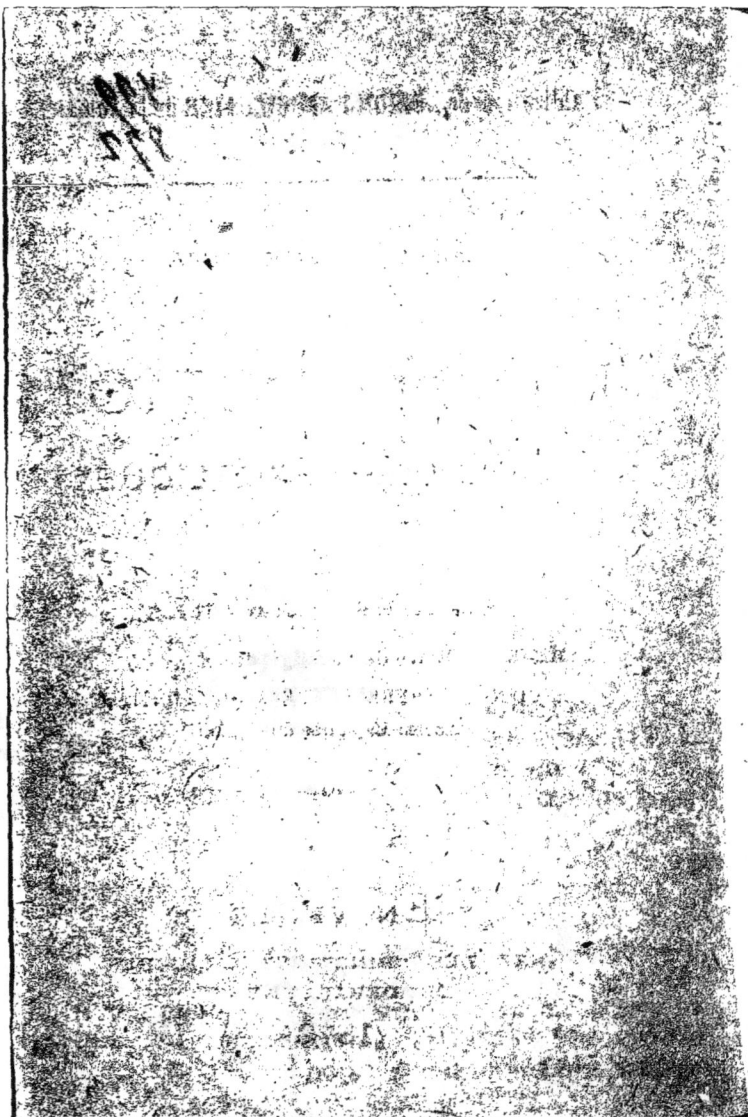

DE LA NÉCESSITÉ

DE

L'INSTRUCTION

DANS UNE RÉPUBLIQUE

Conférence faite dans diverses communes
du canton de Combles

EN MARS 1872

MESSIEURS,

L'UNION RÉPUBLICAINE a pour but principal
de répandre les idées républicaines par tous
les moyens collectifs et individuels qui
sont en son pouvoir : ces moyens se ramè-
nent tous à un seul mode d'action, qui est
la *persuasion.*

Faire comprendre à ceux qui nous regar-
dent comme leurs adversaires la vérité des
principes que nous professons et l'utilité
de leur application complète; fortifier les
convictions de nos amis et leur démontrer
clairement que les accusations portées
contre nous sont dénuées de fondement, et

que l'on nous prête des intentions qui ne
sont pas les nôtres ; convaincre enfin tous
ceux qui nous entourent de la justice et de
la sainteté de notre cause, voilà le résultat
que nous désirons obtenir pour prix de nos
efforts.

A l'exposition de nos principes par la
voie des journaux, brochures et écrits de
toutes sortes, nous croyons utile de joindre
des conférences, et c'est pour cela que j'ai
l'honneur de commencer aujourd'hui devant vous la série de celles qui auront lieu
dans le canton de Combles.

Si je prends le premier la parole, mes
chers concitoyens, ne l'attribuez ni à ma
présomption, ni à mon mérite. — Tout au
contraire, en n'appelant pas à notre aide,
pour cette première conférence, un grand
orateur, un de ces hommes dont le talent
renommé attire une assemblée nombreuse,
préparée d'avance à l'audition d'une voix
éloquente et persuasive, nous avons voulu
assigner immédiatement à ces réunions
modestes le caractère qui doit leur appar-
tenir.

Ce seront toujours de simples causeries,
donnant un exposé aussi clair qu'il dépendra
de nous des idées fondamentales que nous
regardons comme la base nécessaire des
institutions démocratiques.

Cela bien entendu, je sens moins le besoin
de réclamer votre bienveillance, persuadé

d'ailleurs qu'elle résultera naturellement
de la sincérité complète que vous sentirez
dans mes paroles, et de la certitude que
vous aurez au bout de peu d'instants de
l'identité du résultat que vous et moi nous
appelons de tous nos vœux : la régénération de la France par l'application des
grands principes de justice et de liberté.

*

En choisissant pour sujet : *De l'utilité,*
ou plutôt de la *nécessité de l'instruction,*
nous n'avons été que l'écho du cri qui re-
tentit dans toute la France depuis une
année entière. — Lorsqu'à la suite des vingt
années de ce régime honteux qui a livré
notre patrie au mépris de l'univers, pour
aboutir aux désastres d'une invasion bar-
bare et d'une guerre sans pitié, nous avons
subi l'humiliation dernière de cette paix
qui sacrifiait deux provinces et consentait
une indemnité inouïe, quel est le sentiment
qui a fait explosion dans toute la France ?
Quelle est la volonté énergique qui s'est
emparée des esprits et des cœurs? — C'est de
considérer la paix comme une trêve que
suivrait une éclatante revanche !
Mais en même temps la nation compre-
nait la nécessité impérieuse de sa régénération. Elle reconnaissait que tant de mal-
heurs avaient pour origine l'abaissement
général des caractères et l'ignorance, résultats infaillibles de la dépravation organisée

par les Bouaparte et leur bande; elle ouvrait
enfin les yeux pour voir que la démorali-
sation crapuleuse étalée et exploitée par les
complices de l'homme de Décembre, avait
eu pour but de faire, du premier peuple du
monde, un peuple d'esclaves imbéciles.

La première condition pour se relever
était donc que le pays travaillât résolument
à chasser les épaisses ténèbres qui envelop-
paient les esprits et les consciences; il fal-
lait au plus tôt prendre les mesures les plus
énergiques pour instruire la nation et la
moraliser.

L'opinion était tellement unanime à cet
égard que vous avez vu, au mois de novem-
bre dernier, les neuf dixièmes des conseils
généraux de la France émettre le vœu de
l'établissement immédiat de l'instruction
obligatoire.

Cependant alors bien des mois déjà s'é-
taient écoulés depuis la signature de cette
paix fatale, et beaucoup d'esprits timides
avaient oublié leurs généreuses résolutions
des premiers jours.

On peut ajouter que si la question fût ve-
nue en discussion à l'Assemblée nationale
il y a huit mois, celle-ci n'eût pas osé à
cette époque résister assez ouvertement à
la volonté du pays pour rejeter l'obligation.

Ai-je besoin d'indiquer encore, comme
témoignage dernier de l'accord qui existe

sur ce sujet entre toutes les parties de la population, l'élan avec lequel ont été accueil-
lies les listes de souscription du *Sou contre
l'ignoran,ce* qui, partout où elles étaient pré-
sentées, se trouvaient immédiatement cou-
vertes de signatures? N'est-ce pas là le cas
de s'écrier avec raison :

Vox populi, vox Dei !

La voix du peuple est la voix de Dieu?
Se refuser à le reconnaître, ce serait ou-
trager le bon sens.

✳

Mais en même temps que la nation entière fondait l'espoir d'une revanche sur
sa régénération par l'instruction, elle je-
tait l'anathème à l'Empire qui l'avait perdue.

Après avoir demandé le salut de son honneur à la République, son instinct infailli-
ble lui disait aussi que la République seule
pourrait la relever aux yeux du monde.
C'est le seul gouvernement, en effet, qui ait
pour premier intérêt et pour premier devoir de donner à tous les citoyens l'instruction et l'éducation civiles et politiques.

C'est ce que nous allons démontrer.

L'objet spécial de cette conférence est
donc d'établir que les institutions républicaines, ayant pour unique objet la satisfac-

tion constante de tous les besoins de la nation, ne peuvent recevoir leur développe-
ment complet qu'au sein d'un peuple qui
emploie ses plus précieuses ressources à s'é-
clairer et à s'instruire.

Nous verrons ensuite nos raisonnements
pleinement confirmés par l'expérience, en
examinant ce qui se passe aux Etats-Unis
d'Amérique; car, sur la terre classique de
la Liberté, c'est l'ÉCOLE qui sert de pivot à
l'existence de toute la nation.

*
* *

La République étant le gouvernement de
tous par tous, les institutions véritablement
républicaines sont celles qui ont pour effet
d'assurer l'exercice sincère et permanent de
la souveraineté nationale.

Cette souveraineté de la nation est de
droit naturel, c'est-à-dire qu'elle résulte de
la nature même de l'homme.

Dieu m'a donné en me créant la raison et
la liberté.

Cette raison, je ne puis la nier. Cette liberté, je ne puis l'aliéner. Quoique je dise
et quoique je fasse, l'étincelle divine qui
brille en moi me distinguera de la brute et
éclairera ma conscience!

C'est en vain que, par un contrat volon-
taire, répudiant ma raison, j'accepterais
l'esclavage!

C'est en vain que je dirais à un autre homme :

« Je me donne à toi pour toujours ; je suis « désormais ta propriété, ta chose, et rien « ne pourra me délier de cet engagement « solennel ! »

Ce pacte insensé resterait sans valeur, et ma conscience ne l'accepterait pas ! Il n'y a pas de droit contre le droit. Il est au-dessus de toute puissance de mettre au rang de la brute un être intelligent et libre.

A plus forte raison, Messieurs, un peuple ne peut-il jamais aliéner sa liberté. Il ne fait des lois et n'institue un gouvernement que pour la protection des droits de chaque citoyen, et pour la défense des intérêts de tous. Ce qu'il fait aujourd'hui, il a le droit de le défaire demain, du moment que, tout entier, il en reconnait la nécessité pour son propre bien.

Les despotes modernes, fort loin du reste de contester cette souveraineté de la nation, sont au contraire les premiers à la proclamer, afin d'arriver plus facilement à l'escamoter.

Toutefois un gouvernement, fût-il en apparence issu de la volonté nationale, n'est légitime que si cette volonté s'est exprimée librement, et si en outre ce gouvernement est constitué de telle sorte qu'il reste soumis aux décisions du peuple. Celui-ci peut déléguer momentanément une portion de

sa souveraineté à quelques citoyens pour
un but déterminé ; il ne peut jamais l'a-
liéner tout entière.

*

Ces principes bien établis, la fonction la
plus importante que remplit le citoyen d'un
État républicain, c'est évidemment le vote.
En allant au scrutin il manifeste sa volonté
souveraine, et accomplit le premier devoir
civique que la nation a le droit d'exiger de
lui.

Tout citoyen a droit de vote, et tout citoyen a le devoir de voter.—Car ici, comme
partout ailleurs, il n'y a pas de droit sans
devoir qui y corresponde ; et si j'insiste là-
dessus, c'est que la République est la seule
forme de gouvernement qui ait pour base
ce grand principe de l'union intime DU
DROIT ET DU DEVOIR.

*

On a dit, Messieurs, que le suffrage universel est supérieur à la République, ce qui
signifie que la nation souveraine a le droit
de choisir une autre forme de gouvernement. — C'est là une pétition de principe ;
car, en déclarant ce droit inhérent à la souveraineté nationale, on reconnaît par cela
même que le peuple est le véritable souverain et que, par suite, la forme donnée au
gouvernement et les hommes mis à sa tête

devront rester constamment dépendants de la volonté populaire. — Et c'est là le caractère propre des institutions républicaines.

Si le suffrage universel vient donc à nier la République, il se nie lui-même, et ce ne peut être que le résultat d'un mensonge odieux, ou d'une immense jonglerie.

L'homme de Décembre, faisant légitimer son crime par le suffrage universel, opérait exactement comme le brigand qui, tenant sa victime écrasée sous son genoux, dans la nuit épaisse, exige d'elle le serment solennel qu'elle est libre et qu'il fait clair.

En tout état de cause, une nation à qui l'on fait proclamer le gouvernement monarchique par le suffrage universel, est semblable à un homme à qui l'on fait prononcer sa propre interdiction et celle de ses enfants. Évidemment cet homme n'agit pas librement, ou il ne sait pas ce qu'il fait, ce qui revient exactement au même.

Eh bien! Messieurs, c'est précisément parce que le suffrage universel n'est pas libre, qu'il lui arrive parfois de donner raison au mensonge et à l'injustice.

Dans toutes nos actions, notre liberté résulte de la faculté que nous avons de choisir entre divers partis, entre divers objets. Or, pour choisir, il faut connaître; et toutes les fois que nous nous décidons sans une parfaite connaissance, nous ne choisissons pas, nous agissons au hasard. — Il est donc absolument vrai de dire que l'homme qui ne peut pas se rendre un compte exact de l'action qu'il va faire n'agira pas librement.

C'est lorsque la masse des électeurs est trompée sur les conséquences du vote, ou n'est pas capable de les comprendre, c'est alors que le suffrage n'est pas libre ; c'est alors qu'il n'est pas sincère.

Montesquieu a dit, en traitant du Gouvernement républicain : « *Le peuple est admirable pour choisir ceux à qui il doit confier quelque partie de son autorité.* »

L'histoire des peuples anciens nous apprend que ces paroles sont parfaitement vraies. Ce serait donc une bien grande faute de la part de la nation, que de ne pas exiger de tous ses membres l'accomplissement de leurs devoirs de citoyens, et la capacité nécessaire pour les remplir. Ceux-ci sont d'ailleurs les premiers intéressés à exercer tous leurs droits.

La première condition indispensable pour émettre un vote libre, c'est de savoir lire son bulletin, et de pouvoir même l'écrire.— L'électeur qui ne sait ni lire ni écrire, est à la merci de celui qui veut le tromper, ou qui, n'ayant pas les mêmes intérêts, lui fait faire une sottise.

L'instruction primaire est donc de toute

nécessité dans une République, pour tous les citoyens. Elle est d'une importance égale au paiement des impôts, au service militaire, et l'on peut même dire qu'elle est d'une importance supérieure encore, puisqu'elle est nécessaire à l'établissement régulier du Gouvernement.

✱

Mais il ne suffit pas que l'électeur puisse lire le nom écrit sur le bulletin qu'il mettra dans l'urne.— Pour que son vote soit libre, il faut qu'il ait les connaissances suffisantes pour choisir entre les divers candidats qui lui sont présentés. Ces connaissances sont relatives d'une part à la nature des fonctions que remplira l'élu, et d'autre part au caractère et à la capacité du candidat lui-même.

Oh ! ne croyez pas qu'il s'agisse de connaissances spéciales et supérieures. — Je suppose, par exemple, qu'il soit question de choisir un député.

C'est une chose grave, car l'élu sera chargé de faire les lois, de voter les impôts, de décider toutes les grandes questions d'où dépend la prospérité du pays pour le présent et pour l'avenir.

Il est donc nécessaire de faire choix d'un citoyen d'une capacité incontestable et d'un dévouement absolu à la Patrie.— Il faut un homme assez intelligent et assez ferme

pour ne jamais mettre en balance un intérêt privé et un intérêt public, et pour prê-
ter son concours entier au Gouvernement
dans l'exécution des volontés du pays, aussi
bien que pour l'arrêter résolument et le
combattre même, s'il vient à manquer à
ses devoirs.

Les antécédents du candidat, la solidité
de ses convictions, les services qu'il a ren-
dus au pays, la franchise de son langage et
la netteté des engagements qu'il n'hésite pas
à contracter, l'intelligence qu'il a déployée
dans les fonctions qu'il a remplies,... voilà
les considérations qui guideront notre
choix. Nous aurons bien soin de ne pas
écouter la voix de l'intérêt privé, des ami-
tiés particulières, ou des influences locales
bien souvent opposées à l'intérêt général.

C'est ici, Messieurs, que l'instruction par
son influence moralisatrice, et l'éducation
politique en élevant les intelligences, sont
utiles au citoyen pour l'empêcher de com-
mettre une faute qu'il regretterait plus
tard amèrement.

Toutes les fois que nous faisons acte
d'hommes publics, pour les petites choses
comme pour les grandes, n'ayons d'autre
préoccupation que de faire ce qui est *juste*
et nous serons certains de faire ce qui est
réellement *utile*.

Transportez-vous avec moi à deux années

en arrière. Admettons qu'il s'agisse, au lieu du plébiscite, de nommer un député pour le Département. Deux candidats sont en présence.

(Il est bien entendu que je ne songe à faire aucune personnalité, et que mes paroles ne peuvent être appliquées à aucun de mes concitoyens).

Le premier candidat est depuis dix années l'élu de votre canton. C'est un homme d'un abord facile, d'une bienveillance à toute épreuve. Il a le bras long; il est l'ami du sous-préfet, dîne quelquefois à la Préfecture. Jamais il n'a refusé un service à personne; tout ce qui lui est demandé est aussitôt promis, sans que jamais le solliciteur ait à essuyer de sa part un refus de concours fondé sur ce que la faveur dont il serait l'objet constituerait un passe-droit ou une injustice à l'égard de ses concitoyens. Il a fait réformer le fils de M***; il a sauvé de la prison Jacquot qui a volé du grain dans une grange, etc......... Chacun de nous peut avoir besoin de ses services.

En outre c'est un homme d'ordre, un conservateur! Il déclare qu'en votant pour lui nous voterons pour la paix, et pour la reprise du commerce et du travail qui sont en souffrance à cause des menées de l'opposition. Il est plus libéral d'ailleurs que les soi-disant républicains, car il est prêt à seconder le gouvernement de l'Empe-

reur dans toutes les mesures que la prudence
lui suggérera pour l'accroissement mesuré
des libertés qu'il veut bien nous octroyer.

L'autre candidat passe pour révolution-
naire. — Les gens bien pensants l'appellent
un *rouge*, un homme de désordre.—Il veut
tout détruire, puisqu'il prétend que c'est
la faute du gouvernement si le pays n'a
pas confiance et n'est pas prospère.—Quand
on va lui demander un petit service, au
lieu de promettre tout de suite son appui,
il commence par examiner s'il s'agit d'une
chose juste, et, pour peu que ce soit tout-à-
fait louche, il déclare malhonnêtement
qu'il ne s'en mêlera pas. — C'est un origi-
nal qui ne va jamais à la Sous-Préfecture.
— Il a fait une profession de foi dans laquelle il dit, comme son concurrent, que,
voter pour lui, c'est voter contre la guerre...
et puis il critique les actes du gouvernement; il indique un tas de réformes à
faire; il prétend que l'on dépense trop
d'argent à la cour, et que les chambellans
et les palefreniers sont trop payés. — Enfin
il donne tout crûment le programme des
lois qu'il proposera, et il a l'insolence de
déclarer qu'il saura défendre, au besoin,
les intérêts de la nation contre le gouvernement lui-même.
Je n'ai pas besoin de vous dire que la
plupart des gros bonnets, ainsi que tous
les gens en place, sont pour le premier

candidat, et disent du second pis que pendre. — Il n'y a donc pas à hésiter, et vous allez, comme moi, voter pour l'ami de l'Empereur!...

Mais arrêtez!... Soudain l'avenir se dévoile devant nous, et sous nos yeux se déroule un spectacle étrange!...

*

C'est d'abord, dans un vaste hémicycle, une assemblée tumultueuse, dont les clameurs confuses nous permettent difficilement d'entendre la voix de l'orateur qui gesticule à la tribune... — Il parle de la déclaration de guerre faite à un peuple voisin, à propos d'une question qui nous est étrangère... il demande si le gouvernement est bien prêt pour la lutte... il en conteste l'urgence.

Ce député est un des hommes de désordre qui donnent toujours tort au Gouvernement. — L'Assemblée presqu'entière lui crie de se taire et d'aller à Coblentz. Parmi les plus ardents nous reconnaissons notre candidat officiel qui avait annoncé qu'il empêcherait la guerre.

La scène change... Des groupes d'hommes en blouse blanche encombrent les boulevards en chantant la Marseillaise d'une voix avinée, et en criant à tue-tête: à Berlin!

à Berlin ! On s'arrache les journaux du soir qui disent que le peuple Français veut la guerre...

La scène change encore.....: Au milieu d'une campagne dévastée, un village entier forme un brasier ardent; les flammes s'étendent rapidement, alimentées par le pétrole, sous un vent furieux, et des factionnaires au casque pointu protègent l'œuvre de destruction. — Une odeur âcre et nauséabonde de chair brulée monte à la gorge. — Près de là des femmes et des enfants miraculeusement échappés des flammes pleurent silencieusement en contemplant leurs chaumières écroulées. — De tous côtés on voit des monceaux de cadavres, et l'on entend les gémissements des blessés qui se mêlent aux cris lugubres des oiseaux de proie.

Dans le lointain une calèche attelée de chevaux fringants traverse rapidement le champ de bataille, en écrasant les morts et les blessés, sur lesquels tombent les débris d'une cigarette éteinte, que jette insoucieusement l'empereur. — Napoléon le Sédentaire va rendre son épée à son bon frère Guillaume le Sanglant.

Puis se succèdent rapidement une série de scènes hideuses... Toujours des maisons

en flammes et des cadavres affreusement
mutilés.... toujours la guerre et ses hor-
reurs!..

. . . .

Laissons-là ces tableaux. — Détournons
nos yeux de ces spectacles épouvantables!..
Mais n'oublions pas les infamies de cette
guerre, et ses conséquences désastreuses!...

Mais, si votre main n'a pas jeté le bulletin
dans l'urne, allez-vous voter encore pour
le complaisant ami du pouvoir, pour
l'homme qui dit toujours *oui* et que vous
avez vu applaudir à la guerre?...

✱

Que cette cruelle leçon ne soit pas perdue.
qu'elle reste gravée dans vos cœurs pour
vous faire souvenir toujours de l'abîme où
peut être précipitée une nation qui s'endort
dans la trompeuse sécurité de l'ignorance
et de la servitude !

Sans doute, vos mandataires n'auront
pas généralement à remplir des devoirs
aussi sérieux que ceux devant lesquels a
succombé l'Assemblée de 1870.—Mais pou-
vez-vous calculer jamais d'avance toutes
les conséquences de leur incapacité ou de
leur faiblesse?...
Pour que l'électeur ait la conviction

intime de l'importance de son vote, il faut qu'il soit éclairé ; il faut qu'il puise dans la lecture des journaux, dans un échange mutuel d'idées avec ses concitoyens la connaissance des abus de toutes sortes dont le redressement est urgent, et des réformes les plus importantes à poursuivre. — Il faut surtout, que par la réflexion et l'examen des faits qui se déroulent devant lui, il demeure pénétré de cette vérité, que c'est toujours un danger, et quelquefois une faute irréparable que de confier la défense de ses intérêts à un homme plus soucieux de sa position et de sa popularité que de la justice, et du bien de son pays.

*

Prenons un exemple. — Supposons que M. Janvier de Lamotte eût été candidat dans le département de l'Eure avant la guerre. — Pendant dix années ce *père des pompiers* a répandu autour de lui la richesse et la prospérité. — Il a fait bien des heureux; il a comblé son département de mille bienfaits...

N'aurait-on pas accusé d'injustice et de méchanceté celui qui lui eût refusé son vote ?. — Mais la lumière est faite aujourd'hui sur les agissements magnifiques de cet honnête homme. — L'or ruisselait de ses mains, mais cet or sortait de la poche des contribuables.

Cet or, messieurs, était le produit de notre travail; et vous qui savez avec quelles peines, au prix de quels labeurs s'amasse pièce par pièce la somme qu'il faut remettre au percepteur, vous n'admirez pas le préfet prodigue qui verse à flots votre argent pour rehausser la gloire du règne d'un Bonaparte, ou pour garnir de dentelles les lits de ses maîtresses...

Le jury a acquitté M. Janvier de Lamotte. Cet homme n'a donc pas volé... mais il avait les deniers publics à sa disposition; il était généreux,... et il ne savait rien refuser aux filles...

Si le pays comptait beaucoup de bienfaiteurs de ce genre, il ne se relèverait jamais, ni de sa ruine, ni de sa honte!

Cependant celui-là trouve encore des amis et des défenseurs. Au cours de ce procès, où tous les faits relevés à la charge du prévenu étaient scandaleux, ne nous était-il pas réservé d'assister à un scandale plus grand encore?...

Le ministre des finances est venu tenter, non pas la défense, mais l'apologie d'une administration départementale fondée sur l'exploitation en grand des mandats fictifs, rédigés à l'aide de mémoires faux, produits par des entrepreneurs supposés pour des travaux imaginaires!.. Et c'est au moment où tout ce qui a en France une intelligence et un cœur se creuse la cervelle nuit et jour pour trouver les moyens de ramasser partout l'effroyable quantité d'or qui doit parfaire cette somme impossible de cinq milliards promise en pâture à nos sauvages ennemis, que le chef suprême des administrations financières du pays se fait le louangeur public de la dilapidation des deniers de la nation!

*

Messieurs, nous n'aurions pas à déplorer des faits si monstrueux, si l'Assemblée nationale de Versailles avait l'intelligence et l'autorité nécessaires pour imposer au Gouvernement le choix d'un ministère dégagé de toute attache avec les hommes véreux du second Empire.

Vous voyez donc encore par là combien la composition du parlement est importante à tous les points de vue.

Si je voulais vous donner la liste des réformes qui, de l'avœu de tous, étaient nécessaires et urgentes il y a déjà un an et qui ne sont pas faites, j'en aurais pour vingt-quatre heures. Je citerai seulement la suppression des sous-préfectures, économie assez faible, mais non pas à négliger aujourd'hui. Non-seulement on pourrait les supprimer sans aucun inconvénient pour l'expédition des affaires départementales et cantonales, mais avec un avantage évident. Ce n'est pas à dire que les sous-préfets et leurs employés n'aient rien à faire; loin de là, pour venir à bout consciencieusement de leur besogne, la journée n'est pas assez longue; mais c'est de la besogne absolument inutile pour le pays.

Un nombre considérable d'emplois sont dans le même cas.

Parlerai-je aussi des rétributions exorbitantes attachées à certaines fonctions ? Voyez, par exemple, les trésoriers-payeurs départementaux.

Dans chaque chef-lieu il y en a un qui, grâce aux remises, perçoit, en addition à un traitement largement suffisant, des sommes variant de 40,000 à 130,000 fr. Et encore ces accessoires sont-ils augmentés de moitié bien souvent, grâce à la faculté d'accepter des fonds en compte courant, et des commissions du Crédit foncier et de la ville de Paris...

Je ne parlerai pas des ambassadeurs dont quelques-uns touchent plusieurs centaines de mille francs, pour représenter la France.... dans les couloirs de la Chambre.

N'aurait-on économisé, messieurs, que cinq à six millions d'un côté, et autant d'un autre, cela eût peut-être permis de laisser de côté ces impôts écrasants sur les objets de consommation générale, que le pauvre paie réellement en proportion plus grande que le riche.

Je sais bien que certaines personnes disent : « C'est la République qui invente tous ces impôts-là. » Et elles croient ainsi avancer les affaires de la monarchie.

D'autres, au contraire, font remarquer que ces impôts sont votés par une assemblée composée aux trois quarts de royalistes.

Eh ! mon Dieu ! restons dans le vrai ; et ne nous lançons pas les uns aux autres des accusations plus méchantes que sensées. — La vérité c'est que la Chambre, élue dans un moment de trouble affreux, presqu'au milieu de la bataille, et dans le but unique de mettre fin à la guerre, ne représente nullement aujourd'hui le pays, et n'est pas plus disposée que le Gouvernement qu'elle a institué à remplacer toutes les lois d'impôt par la seule qui soit conforme à la justice et à l'égalité, la loi qui établirait un impôt unique sur le revenu.

Il est donc permis de croire que l'Assemblée a les meilleures intentions du monde, mais qu'elle n'est nullement à la hauteur de la tâche qu'elle voudrait accomplir, parce qu'elle manque à la fois d'esprit politique et de résolution, parce qu'à tous les points de vue elle est absolument incapable.

*
**

De toutes ces considérations, nous avons

le droit de conclure que le choix de nos
mandataires est la fonction la plus importante que nous ayons à accomplir comme
citoyens, et que nul de nous ne peut s'en
acquitter utilement s'il n'a un certain degré
d'instruction. De là résulte, pour l'État, le
devoir et le droit de rendre l'enseignement
primaire obligatoire.

L'obligation entraîne la gratuité.

Si l'État, en effet, exige à bon droit que
le père de famille donne à son enfant l'instruction primaire, il est tenu d'en fournir
les moyens à celui qui trouve à peine dans
son travail quotidien de quoi suffire aux
besoins matériels. — D'autre part il est de
l'intérêt général que, dans cette question,
l'État ne fasse pas de catégories. Il n'est
pas bon qu'il y ait sur les bancs de l'école
des riches et des pauvres. Si l'égalité la
plus complète doit régner entre les citoyens
en face de l'État, c'est surtout lorsqu'il
s'agit de l'enfance.

On nous objecte que la gratuité absolue
a pour effet de faire payer par le pauvre
l'école du riche. — On pourrait dire de
même que le pauvre paie les gendarmes
du riche, les chemins du riche, l'armée du
riche....... C'est l'impôt qui paie l'école,
comme toutes les autres charges de l'État.
Établissons l'impôt sur le revenu et le pauvre ne paiera rien.

On dit encore que la gratuité absolue serait un acheminement vers le communisme, en substituant l'État au chef de la famille ; que ce serait une spoliation de l'autorité paternelle. Mais ceux qui font cette objection admettent cependant la gratuité aussi étendue que possible, et ils permettent à l'État de prendre les enfants pour les envoyer à l'armée, et de là à la guerre. — Il n'y a donc pas d'obstacle réel à la gratuité.— Mais l'obligation elle-même rencontre des adversaires.

Oui, Messieurs, cette quasi unanimité dont je vous parlais en commençant n'est pas absolue, et certains hommes prétendent s'opposer à la volonté générale.

C'est au nom de la Liberté que l'on refuse à l'État le droit de forcer le père à instruire son enfant.

Nous comprendrions qu'on élevât cette prétention s'il était question d'imposer à l'enfant telle ou telle école. — Mais nullement. — L'instruction obligatoire n'est pas l'école obligatoire, et le père de famille reste le maître de donner, ou faire donner à son enfant l'instruction de la manière qui lui convient le mieux. — L'État exige seulement que le citoyen futur reçoive la nourriture de l'esprit comme la nourriture du corps ; et s'il a le droit d'exiger l'impôt

et le service militaire, il a le droit bien plus
incontestable encore d'exiger l'instruction
qui seule rendra l'enfant, devenu homme,
capable de remplir ses devoirs.

Ce n'est donc pas une objection sérieuse;
et d'ailleurs si elle avait eu le moindre fondement, elle nous eût arrêté tout d'abord,
car ce sont les droits de la Liberté que
nous voulons défendre.

*

Mais quels sont donc ceux qui viennent
nous parler en son nom ?.. Quels sont ces
hommes révoltés de la pensée que l'État
aurait la tyrannie d'imposer au père l'instruction de son fils ?..... Ces hommes affa-
més de liberté, ce sont ceux qui font des
pétitions et des prières publiques afin
d'obtenir que l'État nous arrache nos enfants
et les envoie à la tuerie pour agrandir les
États du Pape !...

Oh ! sans doute, il est inutile de les instruire pour faire de leurs cadavres le mar-
chepied du trône de St.-Pierre ! mais nous
ne les élevons pas pour cette triste gloire.

La France a trop besoin de ses enfants
pour en faire les instruments et les victimes
de vos saintes colères ! — Ce n'est pas la
liberté qui vous inspire. Quand on aime
la Liberté, on l'aime sous toutes ses formes!

Du reste nous n'avons pas oublié l'audacieuse naïveté de M. Louis Veuillot, disant en votre nom : « Quand les libéraux sont les plus forts, nous leur réclamons la liberté au nom de leurs principes ; quand ils sont les plus faibles, nous la leur refusons au nom des nôtres. »

Il est vrai cependant que nos adversaires réclament hautement la liberté de l'enseignement. — Mais si l'on songe que Mgr. Dupanloup a loyalement déclaré qu'il était l'adversaire de l'enseignement obligatoire et gratuit, parce qu'il craint la concurrence des écoles de l'Etat, on comprend aisément ce que le clergé catholique entend par la liberté.

On est complétement édifié à cet égard en entendant les clameurs que lui font jeter les seuls mots d'*enseignement laïque*. Ces Messieurs voudraient avoir leurs grandes et petites entrées dans les écoles du Gouvernement. Ils voudraient y exercer leur influence. Ils ne comprennent pas que tous les citoyens, quel que soit leur culte, quel que soit le Dieu qu'ils adorent, sont égaux devant l'Etat et ont des droits égaux à sa protection et à son respect.

Le domaine de la conscience lui est absolument interdit ; et c'est au nom de la liberté de conscience qu'on prétend lui faire mettre le pied sur ce terrain défendu !......
Non, l'Etat ne peut pas y consentir ; il est

neutre par sa nature même, et c'est vouloir nous ramener aux jours sanglants et barbares de la Ligue et des guerres de religion, que de le pousser à violer cette neutralité.

*

Nous voulons l'enseignement libre : c'est-à-dire la liberté pour tout citoyen d'ouvrir une école. — Mais l'école libre est celle qui n'est subventionnée ni par l'État, ni par le Département, ni par la Commune. — Du moment qu'elle reçoit une subvention de l'autorité civile, elle en est dépendante. — Si donc nos adversaires aiment véritablement la Liberté, ils n'admettront pas que les écoles cléricales soient subventionnées ; ils ne voudront pas de privilèges, afin de rester indépendants. — Ils se soumettront comme nous, à cette loi supérieure, qui veut que les choses du ciel ne soient pas mêlées aux choses de la terre, et ils se souviendront enfin du précepte de leur divin maître :

Rendez à César ce qui est à César, et à Dieu ce qui est à Dieu.

D'ailleurs n'ont-ils pas un assez beau rôle, pour n'être pas tentés d'envier aux autorités humaines leurs tristes privilèges ? — Nous-mêmes, qui les combattons lorsqu'ils oublient leur auguste mission, ne sommes-nous pas les premiers à leur rendre pleine justice, lorsqu'ils nous donnent le noble exemple de la charité et du sacrifice ?

Ce n'est pas dans nos campagnes où nous es voyons tous les jours les messagers infatigables de la bienfaisance, que nous pourrions songer à leur jeter la pierre ! — Ce n'est pas surtout au lendemain de cette terrible guerre, où quelques-uns ont montré le courage le plus héroïque, que nous voudrions suspecter leur patriotisme !..

*
* *

Messieurs, s'il restait encore dans nos esprits quelques doutes sur la nécessité urgente d'une loi qui rendrait immédiatement en France l'instruction obligatoire, et qui l'organiserait dans les écoles de l'État entièrement gratuite et laïque, ce ne pourrait être qu'au point de vue de la pratique.— Mais nous sommes rassurés à cet égard en jetant les yeux sur ce qu'ont déjà fait plusieurs nations qui sont à la tête de la civilisation moderne.

Les lois que nous demandons sont appliquées dans les pays les plus libres du monde, et notamment en Suisse et aux États-Unis. Et certes, dans la grande démocratie américaine on n'a jamais imaginé que la gratuité de l'instruction favorisât les riches aux dépens des pauvres, car il n'y a pas de

pays au monde où les dépenses affectées à
l'instruction soient aussi considérables. —
Ce n'est pas comme en France par quelque
dizaines de millions, mais par plusieurs
centaines de millions, que comptent les
Américains pour les frais de l'enseignement,
et le dernier chiffre total officiellement
constaté est compris entre 450 et 500 millions. — Malgré les charges qui sont les
suites de la guerre de sécession et qui se
traduisent par quatre milliards d'impôts,
ils sont loin de songer à réduire ce genre
de dépenses ; tout au contraire ils les
augmentent d'année en année.

Ainsi tandis que, dans les grands États de
l'Europe, l'activité des peuples est employée
tout entière à faire la guerre ou à la prépa-
rer, aux États-Unis tous les efforts sont
concentrés sur cet objet principal : l'enseignement de la nation.

★

C'est que les Américains ont reconnu
que la richesse d'un peuple augmente avec
son instruction, et, ils ont pu vérifier, par
les faits incontestables, cette assertion théo-
rique, que plus l'homme est éclairé, plus
aussi son travail est productif. A cet égard,
je puis vous citer des faits bien signifi-
catifs.

Dans plusieurs États du Sud la propor-

tion des hommes illettrés, c'est-à-dire ne
sachant ni lire ni écrire, est dix fois plus
considérable que dans la plupart des Etats
du Nord. — Eh bien ! la production par
tête, c'est-à-dire l'évaluation en argent du
travail de chaque individu, est en moyenne,
deux ou trois fois aussi élevée dans ces
derniers Etats que dans les autres.

Les Etats de Connecticut et de New-York,
par exemple, produisent relativement à
leur population près de trois fois autant
que la Caroline et la Floride, dont cependant
le sol et le climat sont bien supé-
rieurs.

Les premiers comptent dix illettrés pour
cent illettrés dans les autres Etats.

Vous voyez donc, Messieurs, qu'au point
de vue matériel même, l'instruction générale de la nation a des résultats immédiatement saisissables. Les Américains ne
seraient pas hommes d'ailleurs à dépenser
un demi-milliard pour leurs écoles, s'ils
n'étaient assurés que c'est de l'argent placé
à gros intérêt.

Bien plus, ils n'ont pas borné leurs efforts à donner à tous les citoyens l'instruc-
tuction gratuite; ils ont voulu encore que,
sous ce rapport, la femme ne fût pas in-

férieure à l'homme, et nous ne devons pas nous en étonner. Je ne crois pas qu'il convienne, surtout en France, de donner à la femme un rôle politique. Elle y perdrait certainement, et nous ne pourrions pas y gagner. Mais n'est-il pas vrai que l'influence de la femme s'exerce partout et toujours sur chacun de nous? Et l'effet de cette influence n'est-il pas d'autant plus irrésistible que nous le subissons sous toutes les formes et sans même nous en apercevoir? Il importe donc que ce pouvoir souverain soit bienfaisant et salutaire; il faut, dans l'intérêt général, que la femme ait une instruction qui la rende l'utile soutien de l'homme et même au besoin son conseiller intelligent.

N'avez-vous pas été comme moi frappés d'un fait singulier? En France la femme est dans la vie privée le plus parfait modèle d'abnégation et de sacrifice; et cependant elle comprend rarement le dévoûment à la patrie. Elle ne sait généralement pas sacrifier sa tendresse à l'intérêt général, et elle dispute avec acharnement son père, son époux ou son enfant au pays qui le réclame. Généreuse pour le pauvre, elle ne comprend pas qu'on puisse être obligé de sacrifier sa fortune à la patrie!

Parfois alors, au lieu d'aider l'homme à faire son devoir, elle lui devient un obstacle, en énervant son courage et brisant

sa résolution. — Elle manque de patriotisme.

*

Il n'en serait pas ainsi, je le pense, si une
instruction plus complète, si une éducation
plus solide, en faisaient plus véritablement
la compagne de l'homme.

En Amérique la jeune fille suit exactement les mêmes cours que le garçon; et,
loin de se montrer inférieure à lui sous le
rapport de l'intelligence, elle est son égale
et souvent même sa supérieure. — Les faits
les mieux constatés établissent même que,
dans les études les plus sérieuses, la femme
montre une précocité et une aptitude que
souvent l'homme ne peut égaler.

Pourquoi donc ne suivrions-nous pas
l'exemple des Américains, et ne donnerions
nous pas à la jeune fille une instruction
dont la mère de famille paierait plus tard
largement la dépense en devenant pour le
citoyen un auxiliaire éclairé et dévoué jus-
que dans les moments les plus difficiles de
l'existence?..

Méditons cette phrase de M. Rice, surin-
tendant de l'état de New-York. « *L'avenir
de notre société est entre les mains de nos
institutrices.* »

*
* *

Mais il est temps de conclure, messieurs, et je dois le faire en peu de mots.

Quelque soit le degré de faiblesse et d'abaissement où le despotisme ait fait descendre une grande nation, le seul moyen qu'elle ait de se relever, c'est de s'éclairer et de s'instruire. La grande revanche à laquelle nous aspirons tous, c'est, avant toute revanche matérielle, une revanche morale que nous sommes assurés de prendre sur la Prusse aux acclamations du monde entier.

En effet, messieurs, le peuple qui nous a vaincus et humiliés a inscrit insolemment sur son drapeau cette maxime honteuse et dégradante :

La force prime le droit.

La nation qui se dit la plus instruite de l'univers a pris pour devise ces paroles sauvages qui caractérisent l'état de barbarie, et elle veut faire servir les progrès de la science et de l'industrie à écraser la justice par la violence, à tuer l'esprit par la matière.

C'est à la France à relever le drapeau de la civilisation. Elle ne reculera pour cela devant aucun sacrifice, et ses premiers efforts doivent avoir pour objet de combattre par tous les moyens et en tous lieux l'ignorance qui a causé sa défaite. L'établissement de l'instruction obligatoire, gratuite et laïque, sera le premier pas fait sur la route qui la conduira infailliblement à la régénération et à la dernière revanche, dont le prix le plus glorieux sera le triomphe définitif de l'immortel principe par lequel je termine :

LE DROIT PRIME LA FORCE !

www.ingramcontent.com/pod-product-compliance
Lightning Source LLC
Chambersburg PA
CBHW060803280326
41934CB00010B/2543